陈石

管理学博士，中国美术家协会会员，中国文化传媒集团中国美术院理事，中国画马艺术研究会副会长，中国诗书画研究会副会长、贵州省分会会长，贵州省美术家协会名誉主席。贵州省文史馆特聘研究员，贵州大学、贵州师范大学、贵阳学院客座教授、硕士生导师。中国人民政治协商会议贵州省贵阳市第十届、第十一届委员会主席。

梁希吾（笔名：七五先生）

贵阳市作家协会会员。大学本科毕业于南昌大学英国语言文学专业，硕士研究生毕业于加拿大魁北克大学。全国知名剧本杀作者，所著《坠入深渊》《窗边的女人》等作品深受好评，全网播放量上千万，曾获得西安丝绸之路电影节剧本杀单元最佳喜剧剧本奖等行业奖项。

王阳明的故事

WANG YANGMING DE GUSHI

梁希吾 \ 著
陈 石 \ 绘

贵州人民出版社
贵州出版集团

图书在版编目（CIP）数据

王阳明的故事 / 梁希吾著；陈石绘 . -- 贵阳：贵州人民出版社，2024.9. -- ISBN 978-7-221-18576-1

Ⅰ . B248.25

中国国家版本馆 CIP 数据核字第 20242UT176 号

王阳明的故事
WANG YANGMING DE GUSHI

梁希吾 / 著

陈　石 / 绘

出 版 人	朱文迅
策划编辑	谢丹华　周湖越
责任编辑	张　黎　杨　悦
装帧设计	熊　锋
责任印制	黄红梅

出版发行	贵州出版集团　贵州人民出版社
地　　址	贵阳市观山湖区中天会展城会展东路 SOHO 公寓 A 座
印　　刷	天津创先河普业印刷有限公司
版　　次	2024 年 9 月第 1 版
印　　次	2024 年 9 月第 1 次印刷
开　　本	889 毫米 ×1194 毫米　1/16
印　　张	6.5
字　　数	80 千字
书　　号	ISBN 978-7-221-18576-1
定　　价	88.00 元

如发现图书印装质量问题，请与印刷厂联系调换；版权所有，翻版必究；未经许可，不得转载

山近月远觉月小，便道此山大于月。
若有人眼大如天，当见山高月更阔。

　　这首名为《蔽月山房》的诗闻名后世，看似简单，却蕴含着丰富的辩证思维。鲜有人知道的是，此诗竟出自一名十岁的孩童之手。写这首诗的少年，正是后来成为影响后世的著名思想家、军事家、教育家、哲学家、心学之集大成者——王守仁（王阳明）。

● 书房的书案上放置着少年阳明的诗作《蔽月山房》，父亲王华和祖父王伦陷入深思，小小王阳明聪颖过人，不拘泥常规，敢质疑古人及书本内容，遇事能打破常规，道出独到见解。王华一直试图按照自己的期望来教育儿子，但逐渐发现，王阳明的表现与他心目中传统读书人的形象相去甚远。

经两人商议，父亲决定带王阳明前往居庸关外，让他见识更广阔的天地。

● 居庸关外广袤的草原上，一对父子，各乘一马，一路上畅聊山河，王华期望凭借自己的学问和阅历，让儿子王阳明改变他那活跃跳脱的思维，像一般士子那样按部就班，通过科举获取功名，踏入仕途为国家尽忠效力。

● 他们一路策马前行，草原上的一处断壁残垣打断了父子间的对话。少年阳明好奇眼前怎么会有这些断断续续、破败不堪的建筑遗迹！此时的居庸关外，已不属明王朝的势力范围。父亲告知他这些是战争遗迹。少年阳明听后，内心波澜起伏，他不希望百姓流离受苦，第一次思考自己的志向……

● 一群大雁,在此起彼伏的互鸣中,时而一字飞翔,时而人字飞翔。它们正从辽阔的居庸关外向着遥远的南方迁徙。远山下,王华触景而感,少年阳明则仰头痴望雁群。他似有所悟,心中豁然:若人的学识、胸襟如大雁翱翔于苍穹一般,便可高瞻远瞩、洞察明晰、纵览全局,这样就可以振兴民族,使国家强盛,避免百姓流离失所。

突破了天际线的太阳越升越高,寒冷被驱散了几分,雁群似乎在义无返的向着太阳奔赴。此刻的阳明用兴奋的声音说:"父亲,我找到了自己的志向,我想努力成为圣贤,用智慧为国排忧解难,为民指引道路!"

● 尽管天下的读书人都尊崇孔孟，可当父亲听到阳明的志向时，还是由震惊陷入沉思——因为这志愿太过远大，他并不看好儿子的梦想。沉思片刻，他看向儿子问道："你可想好了，从古到今，这条路都是非常艰辛的！"少年阳明坚定地回道："想好了！父亲。"

● 关外归来，少年阳明不再像以前那样与同伴们嬉戏打闹。他开始思考，若想成为圣贤，自己到底得具备什么样的能力？自此，他习练武功、研读兵法、阅览百家典籍，十年如一日，在不断磨砺中成长为意气风发的青年。

● 饱读诗书,在王阳明身上得到了完美的诠释。十年如一日的努力使他在科举路上取得了成功。本就天资聪颖的王阳明通过努力,顺利地考取了进士,并成为刑部的官员。

● 王阳明在刑部担任主事，任职期间工作兢兢业业，严格执法，公正无私。而面对百姓，王阳明很是体恤民情，屡次为群众排忧解难，毫无官威，深受百姓们的爱戴。

● 王阳明崇尚朱熹理学"格物穷理"的理念,对儒家经典有着深刻理解,尤其是对四书五经。他做学问注重实践与思考,通过多年的研学,提出了"知行合一"的哲学思想,并在明朝思想流派中独树一帜。

王阳明在探究"格物穷理"这一理念时,对所见之物都要去"格"一下。他希望通过观察、分析来认识事物,以追求事物背后的原理和本质。他还时常把自己反锁在书房中,苦苦冥想,以找寻"格物穷理"的最高境界。

● 一天，王阳明在自家花园里盯着一根竹子一动不动，无论家里人如何叫他，他都不为所动，说自己正在参悟圣人之道。就这样，他对着竹子"格"了七天七夜，除了正常饮食，一直在花园里盯着竹子，但最终并没有"格"到竹子之理，反而病倒了。

● 王阳明"格物"失败，卧病在床，意识模糊的他仿佛又来到花园，看到一个和自己长得一样的影子人，他走向影子人问："你是谁？"影子人说："我即是你，你即是我。你整日追求'格'各种事物，为何不先'格'一下自己？"突然，王阳明心中有些许顿悟。影子人看着花园里的竹子，问王阳明："你已经对着这根竹子'格'了七天七夜，可有所悟？"王阳明摇头说："学生愚笨，只能看出它的形色、用途，以及它中空脆弱的特征，悟到些浅表的意义，无法更进一步。

● 影子人手一挥，那片竹子瞬间生长，变得高大粗壮。他问王阳明是否感受到竹子每天都在成长。王阳明眼前一亮，心中思绪万千，似乎只差一点就能悟到更深奥的哲理。影子人继续挥手，花园里的其他竹苗也开始生长，越来越多，逐渐蔓延致整片花园，最终变成竹林。

王阳明看得出神，心中感叹如果只"格"事物的表象，得到的"理"就会是死板的。应该去掉"物"的形式，看到它的精神，把"理"放在心中，用心去感受事物的发展变化，才能得到真谛。影子人似乎洞察到王阳明的内心，渐渐地连同眼前的景象一起消失。病榻上的王阳明睁开眼睛，双目炯炯有神，他成功"格"了一次自己，心学的雏形萌发了。他开始带着质疑去研究朱熹的思想，尝试创造自己的哲学理念。

● 杭州西湖边的古寺内,王阳明与高僧相视而坐,他们从佛学禅礼谈到人生哲思,从儒、释、道各家教义谈到市井深巷的奇闻逸事。王阳明求知若渴,不停地四处请教。

● 格竹悟道后,王阳明开始拜访各界大师,以拓展眼界、充实思想,希望用自己的理念去解释不同思想。他与长期参佛的得道高僧辩论,总能找到高僧的漏洞,并用初具雏形的心学思想反驳高僧,面前的高僧不仅没有生气,反而渐渐对他的理论表示信服。

● 随着长期且深入的交流，王阳明与高僧的角色发生了转换，高僧对他的思想逐渐产生兴趣。一天傍晚，王阳明拜别高僧，问其是否有家人，高僧说有。王阳明又问其母是否健在，高僧说："在，但自己却远游在外。"王阳明继续问他是否想念母亲，高僧双目含泪说："无比想念。"王阳明进而问他为何不回乡探望，高僧则黯然神伤。

● 夕阳西下，高僧呆望着远处，那落日之地，便是他心之所向。虽然身在寺庙，但他对亲人的思念之情丝毫未减。高僧悲凉地说："生身之母，怎能不想？"高僧意识到自己的失态，轻咳两声以作掩饰，迅速整理好心绪，恢复正襟危坐。

● 王阳明道:"思念母亲与家乡是人之常情,道士、僧人也不例外。佛学教义中积极表现了善,而思念之情何尝不是对亲人善的体现。高僧您精通佛法,更应重视这份善。"说完,王阳明便离开了寺庙。

高僧闭目品味,睁眼时已满眼泪花。第二天,高僧便踏上了归家之路。

● 虽然高僧被王阳明说服，但王阳明并没有自满，对朱熹的一些思想也愈发产生了质疑，特别是对"存天理，灭人欲"这一理论。王阳明常常与同仁一起研究、讨论，他认为"理"是变化的，用不变的"理"去约束"欲"是荒谬的。此时的王阳明虽然有了这些想法，但还没有找到他自己的思想武器和方法论，仍在不断探索。

● 在成为圣贤的道路上，王阳明并非一帆风顺。这次他面对的是权倾朝野的大太监刘瑾。正德年间，皇帝朱厚照不理朝政，重用宦官刘瑾，而刘瑾在朝中无恶不作，他贪污受贿、专横跋扈、打压异己。兵科给事中戴铣向朝廷上疏弹劾刘瑾，刘瑾仗着皇帝的宠信，滥用权力，将戴铣逮捕并廷杖，后投入大牢。

刘瑾的做法激起大臣众怒，大批官员上奏皇帝要求释放戴铣，王阳明也是其中之一。彼时王阳明在刑部担任主事，他上疏直言不讳，对刘瑾破口大骂，以"权奸"二字称之，惹得刘瑾怒不可遏，誓言要狠狠整治王阳明。

● 受到刘瑾的特殊"关照",王阳明被打了四十廷杖,后被发配到贵州龙场做驿丞,这是编制以外最低级别的官员。可是刘瑾并不打算就此罢休,对冒犯他的人,他都得将其置于死地,暗地派人追杀。

● 王阳明料到刘瑾不会放过自己，在被贬经过杭州时，他与友人们商量对策，制定了骗过刘瑾的计谋。

一路上王阳明处处留意，发现了刘瑾派来的刺客。他将计就计，一天夜里故意喝得大醉，然后独自在房里睡觉。刺客以为这是个绝佳机会，结果刚闯入房门就被王阳明的随从们擒住了。

● 王阳明知道刺客为刘瑾卖命是身不由己，不完成任务难逃一死，他有心放过刺客，但又要保全自身，于是心生一计！

一场好戏上演，王阳明丢弃衣帽，留下遗书，让随从假装大哭，以此骗过刘瑾和杭州官员，让刺客交差。他以心为理，洞察到刘瑾的邪恶和刺客的身不由己，用智慧化解了一场灾难。

● 一路跋山涉水，几多艰难险阻，王阳明终于到达贵州龙场驿站，那年他三十七岁。身边只有几个随从和老驿卒。

● 在这荆棘丛生、近乎荒野的驻地，王阳明自己承担了砍柴、挑水、煮饭等体力劳动，多年习武让他勉强能应对当地的恶劣生活条件，有时还要照料生病的随从。

● 简陋的草庵中,王阳明回顾了自己的前半生,写下激昂的《罗旧驿》:

> 客行日日万峰头,山水南来亦胜游。
> 布谷鸟啼村雨暗,刺桐花暝石溪幽。
> 蛮烟喜过青杨瘴,乡思愁经芳杜洲。
> 身在夜郎家万里,五云天北是神州。

身处人生低谷,却以乐观豪迈的胸襟,抒发出超然的思想境界。而这个境界,离王阳明成为圣贤,仅一步之遥。

恶劣的环境下,大山深处艰难困苦的生活条件,导致王阳明时常生病,但王阳明并未忘记他想成为圣贤的人生追求,在病中他开始质疑自己的思想,思考自己的思想体系中还欠缺少什么,该完善什么。

● 正当王阳明生活困苦之时，一天，几个官差突然闯入，他们奉都御史王质之命捉拿王阳明。这显然是刘瑾的手段，他不甘被骗，要置王阳明于死地。官差们二话不说架起王阳明就走，王阳明的随从自然不依，阻止官差的暴行，要求公差出示公文。

● 双方僵持不下,针锋相对,发生了激烈的冲突,王阳明的随从虽拼命抵抗,但还是眼见王阳明将被官差架走。此时,屋外聚集了成百上千的苗彝乡民,他们拿着镰刀、锄头驱赶官差。官差们敌不过聚集过来的苗彝乡民,终被赶出龙场。此后,王阳明的草庵旁,每天都有村民巡逻守护。

此事被王阳明的同乡、时任贵州按察副使的毛科知晓,他钦佩王阳明的为人和学识,积极从中周旋调解,又因当地民风彪悍,官府不愿与他们发生冲突,刘瑾对王阳明的秘密加害才得以停止。

● 王阳明身体好转后，对村民救他的原因进行了思考。他意识到自己通过传道授业解惑，教他们开垦荒地、识字算数乃至医术音律的行动，包括自己身体力行传播的思想影响了村民，使得村民建立了一种基于"理"的规则，这都是由心而发的。他明白了只有通过"知"和"行"的结合，才能驱动客观事物发展，显化出"理"。这是他寻求的答案——知行合一，是能够影响后世的伟大哲思。

● 王阳明在艰难的环境中成功悟道，秉承着自己诗词中的气节，创立了心即理的哲学思想。他把贵州的山水作为抒情明志的对象，游历于飞云崖、天生桥、六广河等地，并留下了大量优美诗篇。

● 搬出草庵,王阳明把居所定在山洞里,并将其改名为"阳明小洞天",在那里他归纳整理出大量心学哲理思想。他将这些思想传播出去,培养诸生,教化百姓,得到了贵州地方官员的大力支持和宣传,各地学子纷纷前来求学。

● 乡民自发修筑了一个书院，王阳明以诸葛亮隐居卧龙岗的典故，将书院命名为"龙岗书院"，在此传道授业。他在龙岗书院的开讲标志着其心学思想迎来了重要的里程碑。

● 王阳明的著作及思想，由此不断向外传播，他的心即理、知行合一、致良知等主要思想也开始不断形成体系，影响了一代代仁人志士。之后的王阳明身体力行，影响力越来越大，名字后面总是跟着一堆头衔，思想家、军事家、教育家、哲学家等，向着圣人之路前行。

● 王阳明在龙场悟道之后,他的心学思想也随之盛名远播,成了远近闻名的哲学家、思想家,无数有志青年慕名前来听他讲学。他教授学生不分贵贱、不论权势,而是重视他们的品德与才干。当时贵州主管教育的官员也会请他授课布道,龙岗书院常常座无虚席、门庭若市。这使得他的心学思想遍布五湖四海、各行各业。

● 随着权臣刘瑾的垮台，王阳明有了施展才华的契机。王阳明的讲学使得朝廷内外都知道了他的思想才干。此时，朝廷求贤若渴，内阁大臣杨一清对他非常欣赏，便向朝廷推荐了王阳明。正德五年（1510年），王阳明被任命为庐陵知县，他终于等到施展抱负的机会！上任在即，王阳明带着随从，骑着他的瘦马，一步三回头地离开了龙场。他怀着些许留恋，带着对未来的憧憬踏上新的征程。

●王阳明智慧的光芒是掩盖不住的，短短六年，王阳明便从庐陵知县升为刑部主事，接着又成为南京太仆少卿，最后坐上了赣南（江西南部）巡抚的位置。兵部尚书王琼见他第一面便被他的才华所折服，与他彻夜长谈，大赞："若用此人，可保天下太平！"而王阳明到江西上任后，很快迎来了自己的第一个挑战——剿匪。

● 当时的江西，匪患肆虐，老百姓们叫苦不迭。土匪们鱼肉乡里，嚣张至极。朝廷多次组织剿匪，却收效甚微。当地土匪作战勇猛，且行动有组织、有章法，神出鬼没，让人捉摸不透，官员们束手无策。而王琼正是看中王阳明独特的才能，委以重任，让他啃下这个硬骨头。王阳明也是欣然领命赴任。

● 王阳明没有一到任就鲁莽地发动军事行动,而是收集了历次剿匪失败的记录资料进行研究。他深知,"知行合一"的知是相当重要的,需要做好万全的准备才能行动,真正做到"知行合一"。

经日夜钻研，王阳明发现了历次剿匪失败的原因。随即，他召集手下官兵，很快便制定出剿匪谋略，准备行动。

● 在阴冷潮湿的大牢中关押着一些本地的官吏，他们不停敲打牢门发问，为什么把他们抓进去。不多久，王阳明来到监狱，用冷峻犀利的目光扫视着他们。众囚犯纷纷喊冤叫屈，王阳明则威严问罪，说道："你们可知所犯何罪？"众囚犯虽被他的威严所震慑，但仍然狡辩喊冤。

● "哼！人证物证齐在，还敢狡辩！"王阳明摆出情报证据，厉声呵斥他们。原来，王阳明分析出衙门内部有内鬼与土匪私通情报，便故意大张旗鼓地放出消息，表示几日内就要集中力量剿匪，而又暗中派遣自己的亲信跟踪有私通土匪嫌疑的那些官员。不出王阳明所料，确有内鬼。在确认私通土匪的官员后，便把他们逮捕入狱。

● 见众囚犯若有所思、犹豫不决，王阳明审时度势，知道时机已成熟，便将他们分开审讯、各个击破，告知若能如实坦白交代，便从宽处罚！若能戴罪立功，更可抵消他们所犯罪行，免其死罪。王阳明对囚犯们轮番使用攻心计。

● 王阳明的心理战术让囚犯们的心理防线被陆续攻破，他因此掌握了敌人大量情报。但王阳明并没有贸然行动，而是计划让这些官员戴罪立功，实施反间计，派遣他们成为"卧底"，渗透到土匪内部。之后，土匪们的动向都尽收王阳明眼底。王阳明让这些"卧底"散播出官府要分开部署军力把他们各个击破的假消息，以诱使土匪集中防御。

● 果然，土匪们信以为真，抱团取暖，集合起来躲在了当地最大的山头上，准备防御。王阳明策划的好戏即将上演，他召集兵力迅速将所有土匪围困起来，一招瓮中捉鳖，干净利落。匪首这才发现中计，但为时已晚，只能死守。但是，王阳明并不急着进攻，命令部队在山下安营扎寨，围而不攻，想要来个"不战而屈人之兵"。

● 时间一天天过去，被困的土匪们一个个饥寒交迫，而山下王阳明的军队有充分的后勤保障，井然有序，按照作战计划，有条不紊。土匪们屡次尝试突围，但都无功而返，这使得他们又累又饿，士气已然低落到极点。土匪们最终无可奈何，高举白旗灰溜溜下山投降，王阳明接受了他们的投降，把他们收押在衙门大牢。

● 起初，大部分土匪只是诈降，准备日后找机会东山再起。没想到，王阳明早已看清他们的心思，将几个匪首斩首示众。原来，王阳明暗中调查过他们，那些被斩首的土匪在这之前就受过朝廷招安，但过后却出尔反尔、屡教不改。王阳明心知，必须用极刑才能震慑其余土匪。果然，没人胆敢再犯，困扰江西多年的匪患从此销声匿迹。

● 通过这次剿匪,王阳明发现问题并不是表象上看到的那么简单。为何江西的匪患如此猖獗,敢公然与官府作对?这或许有着更大的阴谋。随后,他开始暗中调查,把收集到的信息抽丝剥茧,这些信息让他不由一惊,他大胆推测在江西可能有人要谋反!但这毕竟只是推测,直到他会见了一个重要人物——江西巡抚孙燧,这才了解到一些实际线索。孙燧是王阳明的同乡好友,也是一个正直且充满才干的人物。

● 王阳明在孙燧这里验证了自己的推测，那个想要谋反的人正是江西的藩王——宁王朱宸濠。多年来，宁王通过各种手段积聚财富、招兵买马、笼络谋士，并用金钱收买了很多地方官员，以掩盖他的反叛行径。这就解释了为何江西之前的匪患势力如此之大、屡禁不止，原来背后的人物就是这宁王。

● 江西历任巡抚此前更迭频繁,不是无故身亡就是借故辞职。其实都是宁王的手段。阿谀奉承者会被他们拉拢拖下水,刚正不阿者则被他们密谋杀掉或驱逐离去。孙燧上任后,宁王起先也是讨好收买,可发现他是个硬骨头,根本不吃这一套,便派人给他送去枣、梨、姜、芥四种食物,暗示孙燧"早离疆界",赶紧辞职。

● 刚正的孙燧当着宁王使者的面把这些食物一一吃掉，表示很喜欢江西的食物，要在这里长期任职，为国尽忠、为民造福。宁王得知此事，怒不可遏。从此不断找孙燧麻烦，并让亲信严密监视孙燧的一举一动。孙燧防范意识很强、能力出众，办事滴水不漏，没有让宁王找到什么破绽和把柄，到任之后一直在这种高压状态下坚守着。

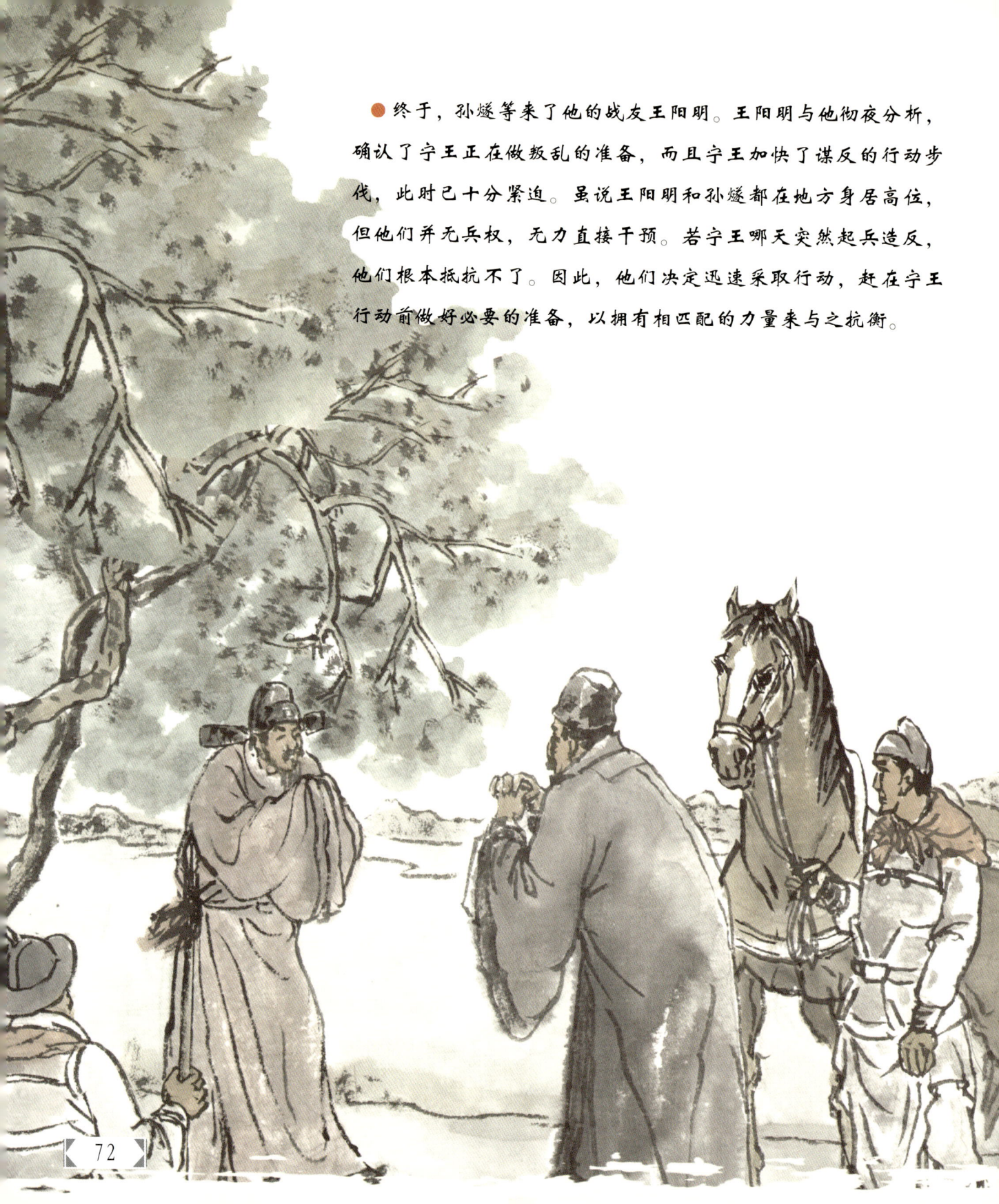

● 终于,孙燧等来了他的战友王阳明。王阳明与他彻夜分析,确认了宁王正在做叛乱的准备,而且宁王加快了谋反的行动步伐,此时已十分紧迫。虽说王阳明和孙燧都在地方身居高位,但他们并无兵权,无力直接干预。若宁王哪天突然起兵造反,他们根本抵抗不了。因此,他们决定迅速采取行动,赶在宁王行动前做好必要的准备,以拥有相匹配的力量来与之抗衡。

● 与此同时，宁王也在加紧招兵买马扩充军力、广纳谋士，同时储备大量粮食，其反叛图谋愈发明显。但由于多数地方大员都被其收买，地方的信息与动向都无法真实的传达到朝廷，正德皇帝朱厚照根本无从知晓，而他所宠信的太监们更对其言称"宁王忠心耿耿，誓死效忠陛下"，这让他深信不疑，毫无察觉。

● 尽管王阳明和孙燧行事谨慎，但他俩结交合作的消息还是被宁王知道了。宁王遂邀约他们前去府中参加宴席，予以试探。王阳明和孙燧虽知此次邀约凶多吉少，但还是英勇赴宴。席间，宁王时有贬低皇帝的言论，刻意诋毁，其反叛之心暴露无遗。宁王的谋士李士时更是在一旁煽风点火，暗示宁王应该为了江山社稷去夺取政权。

● 席间，王阳明沉着应对，舌战群儒，他以百姓为重，痛斥他们的行为将带来灾难性后果，用严密的逻辑、犀利的言语去反驳他们对朝廷的妄议。宁王及其众谋士被辩得毫无还手之力，各个面红耳赤，哑口无言。适时，王阳明拉着孙燧向宁王告辞谢宴，潇洒离席。

● 王阳明虽凭机智逃过一劫,但宁王却已盯上他们。同时,王阳明也意识到宁王的反叛行动已迫在眉睫,急需应对。他想到了宁王的妃子娄素珍,娄妃的祖父娄凉是明朝的著名理学家,也是王阳明的老师。王阳明了解到娄妃是个深明大义的才女,决定与她会面,试探她的立场,看看能否从中寻求破解问题的办法。

妇唤夫兮夫转听，采樵须知担头轻。
昨宵雨过苍苔滑，莫向苍苔险处行！

● 这首《题采樵图》是娄妃的作品，她通过此诗以采樵为喻，劝诫宁王勿要谋反。王阳明和她会面后，确认了她的坚定立场，对娄妃晓之以情动之以礼，希望她能继续规劝宁王为天下苍生考虑。

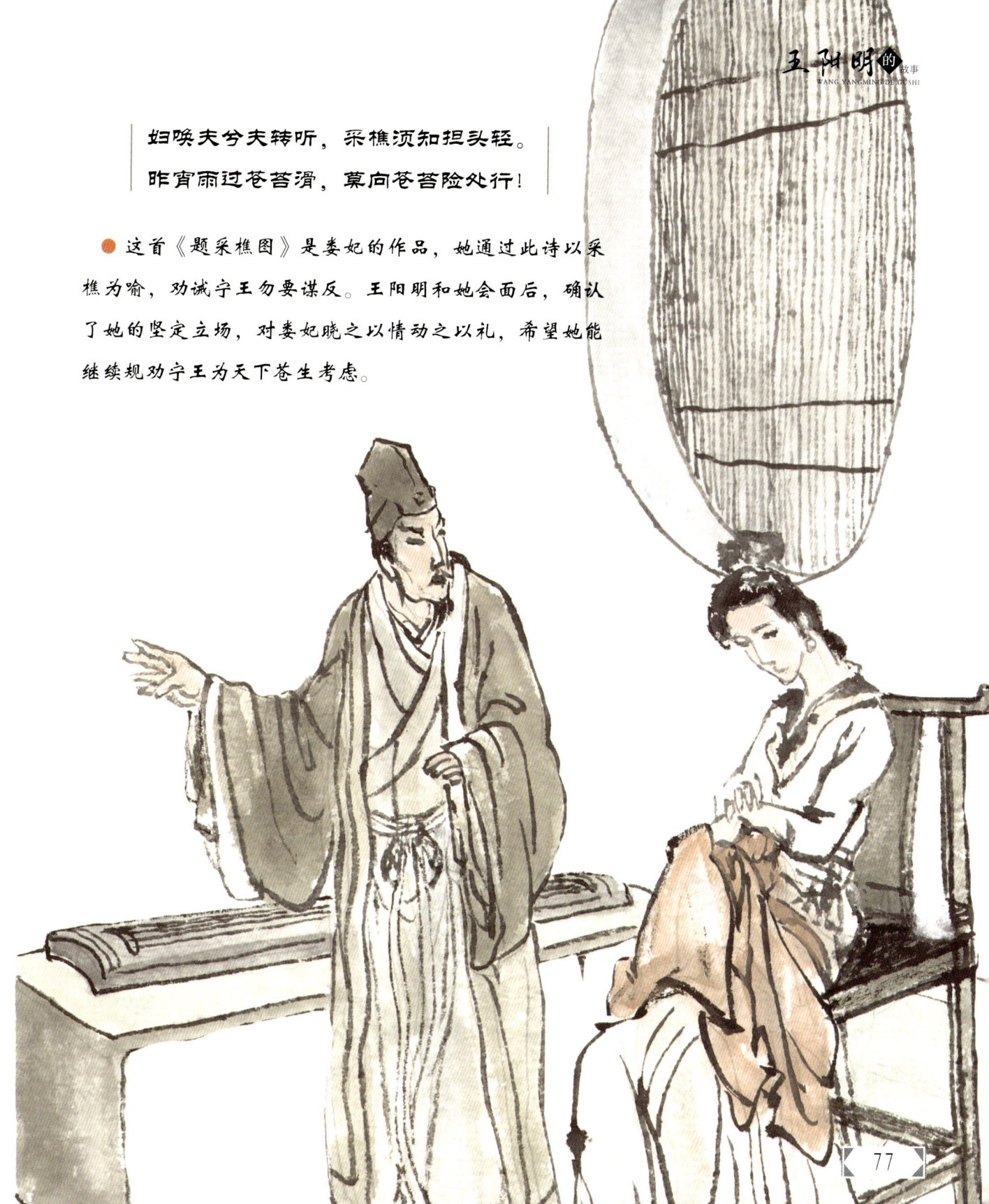

● 王阳明抱着一线希望,但愿宁王能够放下执念,至少通过娄妃的劝诫,为他们赢得准备平叛的时间。在此期间,王阳明通过密信向兵部尚书王琼报告了宁王准备叛变的情况,并在信中呈现了宁王将要叛变的证据,成功说服王琼授予他兵权。

最终娄妃未能动摇宁王,但她苦口婆心的劝诫争取到了宝贵的时间,让王阳明等到了平叛利器——旗牌!有了旗牌,就等于拿到了兵权!

● 此时宁王并未公然叛乱，王阳明没有正当理由派兵去讨伐。所以王阳明计划先携带旗牌离开南昌，寻找有利地带，准备兵马粮草，做足战斗准备。当王阳明拉着孙燧准备一起离开时，孙燧选择了坚守，他考虑的一是避免宁王起疑断送了大局，二是愿与这座城池共生死，希望以死激励将士们奋勇抗敌、剿平叛党。王阳明含泪告别了孙燧，肩负着孙燧的信念与期盼，开启了他传奇的平叛征程。

● 正德十四年（1519年）六月十四日，宁王以庆生为名，召集南昌大小官员前往宁王府参加宴会，正式发动叛乱。当然，孙燧也在其中，他被胁迫出席。这场伪装成庆生的宴会，实为宁王叛乱的誓师大会。现场聚集了当地各级官员，更是布满了全副武装的士兵。

宴会仪式在紧张的氛围中开始，场内没有欢声笑语，一片肃静，官员们感受到一股杀气，只有沉默和恐惧。宁王编造谎言，说当今皇上并非皇室血脉，不是天命所归，现在被太后发现，已下密诏让他前去讨伐，希望群臣们能助其一臂之力。

● "一派胡言,敢问太后诏书何在!"孙燧厉声质问。宁王也不再掩饰,直接威逼群臣要么加入反叛军,要么去牢房报道。孙燧则继续怒斥宁王,按察副使许逵也力挺孙燧,激烈反对宁王的叛乱行为。结果宁王下令将两位忠臣义士斩首,震慑众人,以儆效尤。

一众官员在宁王的淫威下选择了沉默苟且。孙燧和许逵为国为民,慷慨赴死,以死明志。孙燧坚信,王阳明绝不会辜负自己,必将继承其志替他完成平叛的使命。

● 此时此刻，王阳明正乘着一艘破旧的小船向南驶去。宴会之后，宁王才发现漏掉了王阳明这个心头大患，连忙派水军前去追击。为了掩人耳目，王阳明舍弃自己的官船改走陆路。他一路上故意丢弃自己一些随身物品，留下行动痕迹，以误导追兵，之后又换乘这破旧小船。果然，宁王中计，又调集兵力对陆路严防死守，王阳明从而顺利逃脱了宁王的追击。

● 吉安,自古以来是一座易守难攻的城池,王阳明来到此处建立了指挥部。军事会议上,众将激昂主战,要和宁王展开决战。但王阳明知道时机还不成熟,他决定从南昌顺流而下,一路上再利用兵权集结兵力。这招很有效果,王阳明还收获了戴德儒、伍文定等能人猛将。即便如此,他也深知兵力仍远不及宁王,贸然行动,必会功亏一篑。他再次力排众议,决定按兵不动,等待时机。王阳明如此的沉着让宁王也捉摸不透,不敢轻举妄动!

● 王阳明深知宁王多疑，精心设计了一次情报战，派人故意泄漏了一封"机密信件"，信中直言宁王的两个重要谋士李士实、刘养正已经认清现实投靠了王阳明，他俩欲说服宁王离开南昌去攻打南京，以配合王阳明途中伏击。这让宁王立马失去了判断力，信以为真，举棋不定，错过了进攻南京的最好时机。

● 短短数日，王阳明的部队壮大到七八万人，足以与宁王抗衡。将领们激情澎湃，纷纷请求出战。同时，宁王意识到自己中了王阳明的计策，匆忙向南京派兵。但王阳明依然静观其变，不急于出兵，这举动激怒了性格急躁的伍文定，他冲到王阳明那里争辩。面对伍文定的怒火，王阳明平静地写下"此心不动，随机而行"八个字，以表明其从容应对的态度。

● 虽说现在王阳明的军队已经成型,但和宁王大部队硬碰硬并不是明智的选择。宁王欲要攻下南京,一路上经过的城池必会做出抵抗,而王阳明决定随机而行,在合适的时机出兵,必能一举歼灭。果然,王阳明算无遗策,宁王部队在途经安庆时,便受到了杨锐、张文锦两位守城猛将的强力抵抗。

● 安庆这块硬骨头着实难啃，十几天过去了，安庆众将士仍在坚守之中。而宁王军早已疲惫不堪，斗志锐减。此时，正是王阳明出兵前往安庆讨伐叛军的最好时刻。但是，与众不同的王阳明做了一个相反的决定——直击宁王的老巢南昌！他不喜欢豪赌，他喜欢用最小的代价办成最大的事。宁王已率大部队出走，此时的南昌必定后防空虚，能够轻松夺取！果然，王阳明带领正义之师一举攻破了南昌城，南昌守军一击即溃。

● 两天之后，宁王撤回了全部主力回救南昌。王阳明心中大石已然落下，这证明了他的决策是正确的，剩下的，便是最后的战斗。

正德十四年七月二十三日，鄱阳湖边千军万马。王阳明没有执守南昌城，而是率军赶到这里，他敏锐地觉察到敌军已然士气不振，在此处对敌，必可一举荡平！与此同时，宁王部队也抵达了这里，双方安营扎寨，一场大战一触即发。

● 王阳明先发制人，让伍文定担任前锋，带领数千精兵向宁王军营袭来。宁王军也已有所防备，以数倍兵力和伍文定部队交锋。哪想伍文定是敷衍交锋后诈败而返，以诱敌深入。宁王不知是计，率军发动总攻，追击伍文定。正当宁王以为即将获胜时，王阳明军队的号角响起，他的其他部队从两翼杀出，包围了宁王军。宁王军瞬间溃败，士兵四处逃窜，最后好不容易突出重围，却也是损兵折将，一败涂地。

● 宁王率残部逃到了鄱阳湖东岸，看着这些丢盔弃甲的残兵败将，他不甘心就这样失败。他让九江和南康最后的守军赶来增援，并把自己积蓄多年的家底全部拿出临时招兵买马，准备做最后一搏。

● 正义终将战胜邪恶。正德十四年七月二十四日，王阳明和宁王迎来了最后的交锋，双方大战两日两夜，王阳明站在箭楼上指挥全军，两军将士血染鄱阳湖。"行不义者，天亦厌之"，节节败退的宁王做了一个愚蠢的决定。为了让剩余的部队不被风浪击散，他居然下令把所有船只用铁锁连成方阵。这让王阳明大喜过望，于是，火烧赤壁的剧情再次上演，王阳明的火攻让宁王最后的力量尽失，军队直接瘫痪，最终宁王被擒。

● 宁王彻底败在了王阳明手下,当他被押解下船面对王阳明时,还傲慢地说:"争夺皇位这些都是我的家事,何必劳你王阳明费心。"这番话让王阳明大为震惊,他怒视宁王说道:"你的反叛之举白白牺牲了多少将士、百姓的性命,江西这片土地因你而生灵涂炭、满目疮痍,这是家事?这是你对国家造成的不幸,等待你的只有国法的审判!"

● 战后，南昌塘子河边，王阳明来到一座坟墓前祭拜，他轻抚墓碑，心情久久不能平静，这里埋葬的是娄妃。宁王事败后，娄妃也投赣江自殉。临死前，她将无限的悲哀写成离别之诗——《西江绝笔》。王阳明得知她投江后伤感不已，派人搜寻到遗体并修筑了娄妃墓，这不仅仅是对他们私交的缅怀，更是对这刚正节烈奇女子的赞赏和钦佩。

● 一波刚平，新的叛乱又悄然而至，为国为民劳累了大半生的王阳明被任命为左都御史，前往广州平叛。走之前，他的嫡传弟子们在天泉桥为他送别。

离别之际，王阳明送给了学生四句话作为礼物：

> 无善无恶心之体，有善有恶意之动。
> 知善知恶是良知，为善去恶是格物。

这四句流传千古的话可谓对心学的完美总结，王阳明把他的毕生所学所悟传授给了后人，让心学思想独树一帜，经久不衰。

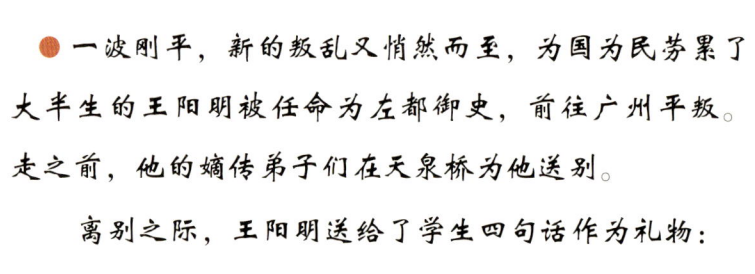

● 王阳明的伟大事迹远远没有结束,他用自己的思想把自己武装了起来,如同铠甲一般牢不可破,他把毕生所学当作武器,每一次显露都无坚不摧。他传道授业、不求名利,弟子遍布五湖四海,理论思想流传百世,无愧于圣人之称!